Para os que Choram a Morte de um Ente Querido

C.W. Leadbeater

Para os que Choram a Morte de um Ente Querido

© 2010, Editora Isis Ltda.

Supervisor geral:
Gustavo L. Caballero

Revisão de textos:
Juliana Mendes

Diagramação:
Décio Lopes

Capa:
Marcela Garcia

Grafia atualizada segundo o Acordo Ortográfico da Língua Portuguesa de 1990, que entrou em vigor no Brasil em 2009.

Proibida a reprodução total ou parcial desta obra, de qualquer forma ou por qualquer meio seja eletrônico ou mecânico, inclusive por meio de processos xerográficos, incluindo ainda o uso da internet sem a permissão expressa da Editora Isis, na pessoa de seu editor (Lei nº 9.610, de 19.02.1998)

Direitos exclusivos reservados para Editora Isis

ISBN: 85-88886-04-9

EDITORA ISIS LTDA
www.editoraisis.com.br
contato@editoraisis.com.br

As palavras que seguem são para você que perdeu alguém a quem amava muito, um ser querido que, para você, significava tudo neste mundo, e agora, parece-lhe que o mundo está vazio e que a vida não faz mais sentido.

Você sente que a alegria de viver o abandonou para sempre e que a existência já não significa nada mais, a não ser tristeza sem esperança, um angustiante desejo de estreitar mais uma vez a mão querida e escutar o tom de voz daquele que se foi para sempre.

Está pensando principalmente em você mesmo e na inaceitável perda, mas existe outra dor, a da incerteza a respeito do estado atual do ser que você amou. Você sabe que ele se foi, mas não sabe para onde. Deseja que, seja lá onde estiver, esteja em paz. Mas quando levanta seus olhos, tudo está vazio à sua volta, e quando o chama, não tem resposta. É nesse momento que entra num profundo estado de desespero, dor, insegurança e dúvidas. O Sol não brilha mais para você, tudo ficou escuro, como se uma nuvem cobrisse o céu.

Seu sentimento é completamente natural. Eu, que estou escrevendo e que já passei por esse momento, posso compreendê-lo perfeitamente. Meu coração se enche de simpatia para com todos os aflitos como você. Mas quero fazer algo mais do que trazer minha simpatia. Acredito que posso lhe proporcionar ajuda e alívio para suportar melhor esse momento tão doloroso. Essa ajuda tem sido de muita valia para milhares de pessoas que passaram por essa triste situação. Estou certo de que também ajudará a aliviar esta dor.

Você deve se perguntar: Como poderá haver alívio ou esperança para mim?

Sim, existe esperança e alívio para você, porque seu pesar se fundamenta num conceito falso: você se aflige por algo que realmente não aconteceu. Quando você compreender os fatos, entenderá que não há motivo para esta aflição.

Você responde: minha perda é real... Como poderá me ajudar sem me devolver aquele que se foi para sempre?

Compreendo perfeitamente seus sentimentos. Entretanto, tenha um pouco de paciência comigo e tente assimilar três premissas principais que me proponho a lhe apresentar, primeiro com afirmações gerais, e mais adiante, com detalhes esclarecedores.

1. Sua perda é apenas um fato aparente. Parece real unicamente desde o aspecto em que você a vê. Quero levar você a outro ponto de vista. Seu desconsolo é o resultado de um grande engano

e do desconhecimento das leis da natureza e do universo. Quero ajudá-lo a andar pelo caminho do conhecimento por meio da explicação de umas poucas e fáceis verdades, as quais você poderá estudar mais amplamente, se assim você desejar.

2. Perca toda a incerteza a respeito do estado atual do ser que sempre amou e a quem você muito ama, porque a vida depois da morte deixou de ser um mistério. O mundo além-túmulo existe, sim, e sob as mesmas leis naturais e próprias deste que já conhecemos, o qual já foi explorado em profundidade.

3. Não deve ficar aflito, sua aflição faz mal ao ser amado. Assim que conseguir abrir sua mente para a verdade, não terá mais aflição.

Talvez pense que isto sejam meras conjeturas, mas peço licença para perguntar que base você tem para sua atual crença a respeito disso, seja qual for

a crença. Talvez tenha tal crença porque é o ensinamento de alguma igreja, ou porque está baseada nas escrituras de algum livro sagrado, ou ainda, porque é a crença geral e popular da época. Mas se você quer livrar sua mente dessas coisas falsas, pode ver também que essas opiniões se fundamentam em afirmações vagas, uma vez que as igrejas ensinam dogmas distintos, e as palavras escritas nos livros sagrados podem ser, e de fato, sempre foram, interpretadas de diferentes maneiras. Os dogmas aceitos nas épocas passadas não estão fundamentados em algum conhecimento exato; é simplesmente o que nos foi passado. Esses assuntos, que nos afetam tão profundamente, são demasiado transcendentais para serem fundamentados em meras conjecturas ou em crenças: exigem a certeza que se desprende da investigação científica. Tal investigação já foi empreendida, e o resultado é o que desejo levar à sua compreensão. Meus relatos estão baseados em meus próprios conhecimentos e em outros fatos evidentes que convido-o a examinar.

Consideremos uma por uma estas premissas. Para esclarecer o assunto da constituição do homem, devo dizer um pouco mais do que aqueles que não têm se especializado nesta matéria. Vagamente, você ouve dizer que o homem possui algo imortal, que se chama alma, a qual, supõe-se, sobrevive à morte do corpo. Quero que não pense mais nisso e que compreenda que, ainda que seja um conceito, é uma visão muito restrita da realidade. Não diga: "Considero que tenho uma alma."; diga: "Sei que sou alma.". Porque essa é a pura verdade. O homem é uma alma e um corpo. O corpo não é o homem. O que chamamos de morte não é senão o ato de se desvestir de uma vestimenta que não serve mais, mas isso não implica no fim do homem, assim como não implicaria no seu fim se você desvestisse um casaco. Consequentemente, você não perdeu seu ente amado, somente não enxerga mais a vestimenta com a qual estava acostumado a vê-lo envolto (seu corpo). A vestimenta se foi, mas não a pessoa que a vestia e que você amava muito. Antes que você possa entender a situação da pessoa que se foi, é necessário compreender a sua. Faça um pequeno esforço para assimilar o fato de que você é um ser imortal, porque, na essência, você é uma faísca da mesma luz Divina, que tem passado, através dos tempos, por vastas épocas e idades antes de colocar essas vestes que nós chamamos de corpo, e ainda viveremos por muitas outras jornadas, mesmo depois que nosso corpo se transformar em pó. Deus fez o homem à sua imagem e semelhança; isso não é uma adivinhação ou uma crença religiosa, é um fato científico e definido, suscetível de prova, como você mesmo pode comprovar por meio da literatura que existe a respeito desse assunto.

O que consideramos nossa vida não é nada mais do que um dia da nossa vida como alma, fato igualmente certo para a pessoa amada. Assim, podemos afirmar que "ela não está morta", apenas abandonou seu corpo ou suas vestes terrenas.

Entretanto, não é por isso que devemos pensar que ela é um simples alento sem corpo, ou de outra maneira, que não é a mesma que sempre foi. O apóstolo São Paulo afirmou, há muito tempo, que "existe um corpo material e um corpo espiritual". Essa afirmação não é bem-entendida quando estes são considerados dois corpos sucessivos, e não como os que nós possuímos, tanto o material quanto o espiritual. Você, que está lendo este livro, possui um corpo natural ou físico, que pode ver e tocar, e outro corpo interno e espiritual, e quando nos desfazemos do corpo físico, retemos o outro corpo mais sutil e fino que é o espiritual.

Uma vez entendida essa ideia, podemos avançar mais um passo. O que conhecemos como morte não é somente quando tiramos nossas vestes ou nossa matéria densa. Cada noite, ao dormir, você se separa do seu corpo físico, então, vaga pelo mundo no seu corpo espiritual, invisível em relação a este mundo encorpado (denso), mas claramente visível para aqueles que estiveram usando, por sua vez, seus corpos espirituais; porque cada corpo vê unicamente aquilo que está no seu nível; nosso corpo físico somente enxerga outros corpos físicos, e nosso corpo espiritual somente enxerga outros corpos espirituais. Quando torna a vestir seu corpo físico, quer dizer, quando retorna ao seu corpo mais denso e acorda neste mundo inferior, possivelmente você tenha algumas lembranças, ainda que confusas, de tudo o que você viu enquanto estava em outra parte, e isso é o que chamamos de sonhos vividos. Podemos, portanto, descrever o sono como uma morte temporária, levando em consideração a diferença de que não nos separamos de nossas vestes de uma forma tão radical que ficamos impedidos de vesti-las novamente. Fica igualmente demonstrado que, quando dormimos, entramos na mesma condição pela qual passou o ser amado por você. Agora explicarei qual é essa condição.

Existem muitas teorias a respeito da vida após a morte, quase todas elas baseadas em diferentes interpretações das antigas escrituras. Houve tempos em que se aceitava, quase universalmente, o horrível dogma que se chamava de sempiterno castigo; agora, ninguém, a não ser os mais ignorantes, acredita nele. Foi baseado numa má tradução de certas palavras atribuídas a Cristo e mantidas pela Igreja Medieval como um espantalho conveniente para, assim, poder assustar as grandes massas ignorantes, com o objetivo de se comportarem bem. À medida que avançava a civilização, começaram os homens a entender que tal dogma não era somente ridículo, mas também blasfemo. Os religiosos modernos substituíram-no, consequentemente, por sugestões mais sãs, mas geralmente, vagas e ainda afastadas da simplicidade da verdade. Todas as igrejas têm complicado muito as suas doutrinas pela única razão de insistir no infundado dogma de uma cruel e absurda Deidade que faz sofrer seu povo, importando essa doutrina do primitivo Judaísmo, em lugar de aceitar os ensinamentos de Cristo de que Deus é um Pai amoroso. As pessoas que conseguiram assimilar o fato fundamental de que Deus é Amor e de que seu Universo é governado por meio de sabedoria e leis eternas têm percebido o quanto é importante obedecer a estas leis, tanto neste mundo quanto no mundo além da morte física. Ainda nos falam de um longínquo Céu, que um dia, depois de sermos julgados num juízo remoto, saberemos do nosso direito ou não de alcançar, totalmente carentes de quaisquer outras informações. Quase nada se ensina sobre as condições que reinam após a morte física. Não se transmite o que se conhece, e sim o que se tem escutado dos outros. Como poderemos ficar satisfeitos com isso?

É verdade que o dia da crença cega já passou, e hoje, estamos na época do conhecimento científico, em que as ideias que carecem de razão e sentido comum são inaceitáveis. Não existe nenhuma razão para que os métodos descobertos pela ciência não se apliquem na elucidação dos assuntos que, em outros dias, deixavam-se inteiramente às verdades da religião. Esses métodos já estão sendo aplicados, e o resultado das investigações feitas, com espírito científico, é o que desejo expressar agora.

Somos espíritos, mas vivemos num mundo material, que apenas conhecemos ou compreendemos parcialmente. Todo o conhecimento que temos deste mundo chega até nós pior meio dos nossos sentidos, que são muito imperfeitos. Podemos ver os objetos sólidos; usualmente, podemos ver os líquidos, salvo se estiverem completamente claros; mas os gases, na maior parte dos casos, são invisíveis para nós. As investigações demonstram que existem muitas

outras espécies de matéria mais imperceptíveis que os gases mais tênues; estas não respondem aos nossos sentidos físicos, de forma que não podemos chegar a conhecê-las pelos meios físicos. Entretanto, podemos chegar a nos relacionar com elas, podemos investigá-las, mas somente por meio daquele corpo espiritual a que já me referi, porque ele também tem sentidos similares aos deste. A maioria das pessoas não sabe utilizar esses sentidos, mas é possível adquirir esse poder. Sabe-se que isso é possível porque tem sido assim adquirido; e aqueles que o têm conseguido podem perceber muito mais do que se oculta à nossa vista. Aprende-se que este nosso mundo é muito mais maravilhoso do que jamais poderíamos imaginar; e, ainda que os homens tenham vivido nele por milhares de anos, a maioria passará totalmente ignorante da parte mais formosa e superior da vida. A linha de investigação a que me refiro tem dado resultados maravilhosos, oferecendo-nos, a cada dia, novas perspectivas. Essas informações podem ser obtidas na literatura teosófica, da qual nos interessa considerar apenas alguma parte: a do novo conhecimento que nos oferece sobre a vida além do que chamamos de morte e a condição dos que a experimentam. Em primeiro lugar, é preciso entender que a morte não é o fim da vida, como por ignorância sempre acreditamos, e sim simplesmente uma passagem de uma etapa da vida para outra. Já havia me referido antes a ser como tirar uma roupa, mas depois, o homem ainda se encontra vestido com a costumeira roupa interior: o corpo espiritual. Apesar de ser um tanto mais fino - São Paulo o chamou de "espiritual" - , sempre é um corpo e, portanto, material, ainda que a matéria da qual é composto seja muito mais fina que qualquer outra já conhecida comumente. O corpo físico serve ao espírito como meio, já que, sem esse corpo, não seria possível a comunicação com nosso mundo nem mesmo receberíamos as impressões dele. Vemos, portanto, que o corpo espiritual serve exatamente para o mesmo propósito: o de atuar como intermediário entre o espírito e o mundo superior e espiritual. É importante levar em consideração que esse mundo espiritual não é algo vago, longínquo e fora do nosso alcance, é simplesmente uma parte superior do mundo que atualmente habitamos. Nem por isso posso negar que existam outros mundos muito mais elevados ou mais remotos; afirmo apenas que aquilo que comumente chamamos de morte não tem nada a ver com esses outros mundos, e sim com uma passagem de uma etapa ou condição para outra, neste mundo que todos nós conhecemos. Simplificando, podemos dizer que a pessoa que faz essa troca se torna invisível para nós. Pensando melhor, o ser humano sempre foi invisível, uma vez que apenas enxergamos as suas vestimentas ou o corpo no qual ele habita. Agora, certamente, estará habitando outro corpo mais delicado, o qual se encontra muito além do alcance de sua visão ordinária; mas não necessariamente, de forma alguma, fora do seu alcance.

O ponto principal a levar em consideração é: aqueles que chamamos de mortos não nos deixaram. Fomos educados em uma crença complexa a qual nos leva a crer que cada ser morto é um milagre, separado e maravilhoso, e que quando a alma abandona o corpo, desvanece-se e entra, de alguma maneira, num Céu muito além das estrelas - sem indicação relativa ao meio de transporte empregado para atravessar o espaço aterrador. Os processos da natureza são, sem dúvida, maravilhosos e, para nós, na maioria das vezes, são incompreensíveis; porém, jamais contrariando a razão nem o sentido comum. Quando tiramos nossa roupa em casa, não por isso saímos voando até o cume das montanhas longínquas, pelo contrário, ficamos parados no chão exatamente onde estávamos, certamente apresentando uma aparência externa diferente. Precisamente, e do mesmo modo, acontece quando um ser deixa seu corpo físico: fica exatamente onde estava antes. É certo que não podemos enxergá-lo mais, porém, isso não significa que tenha ido para outro lugar; pelo contrário, agora está usando um corpo invisível aos olhos do corpo físico.

Provavelmente você saiba que nossos olhos respondem às vibrações que existem na natureza em uma proporção muito pequena e, portanto, as únicas substâncias que podemos ver são aquelas que podem refletir essas ondulações especiais. A visão do corpo espiritual é igual às respostas a certas classes de ondulações; e estas são totalmente distintas das do corpo físico, provenientes de um tipo de matéria muito mais fino. Se for do seu interesse, tudo isso será possível encontrar em livros especializados, onde você achará explicações detalhadas.

Até agora, tudo o que cabe entender é que, por intermédio do seu corpo físico, você pode ver e tocar unicamente o mundo físico. Da mesma forma, por

intermédio do corpo espiritual você pode ver e tocar todas as coisas do mundo espiritual. Lembre-se, isso não significa, em sentido algum, que sejam outros mundos longínquos, apenas e simplesmente, são uma parte mais refinada e sutil deste mundo.

O ser amado que você considera ausente, na realidade, ainda está com você. Quando estão juntos, um no corpo físico e outro no corpo espiritual, você não tem consciência da presença dele porque não o pode ver; mas quando você deixa seu corpo físico, durante o sono profundo, você se junta a ele com plena e perfeita consciência, e sua união com ele é, em todos os sentidos, tão completa como o era antes. De maneira que, durante o sono, você estará muito feliz perto daquele ser a quem você tanto ama; somente durante as horas de vigília é que você sentirá a separação.

Desafortunadamente, a maior parte das pessoas não tem conhecimento de que existe um lapso entre a consciência física e a consciência do corpo espiritual, no entanto, ainda estando nesta última, podemos recordar perfeitamente a primeira; muitas vezes, achamos impossível trazer para a vida de vigília a memória do que faz nossa alma quando, durante o sono, está ausente do corpo físico. Se tal memória fosse perfeita, para nós não existiria, na verdade, a morte. Alguns seres têm alcançado essa continuada consciência e, certamente, todos podemos alcançá-la gradualmente, porque faz parte do desenvolvimento natural dos poderes da alma. Em muitas pessoas, tal desenvolvimento já começou a se manifestar, e elas já recebem fragmentos de memória; entretanto, existe uma tendência natural a qualificá-los meramente de sonhos e, portanto, sem nenhum valor, tendência esta que ainda prevalece em muitas pessoas, especialmente naquelas que não têm feito nenhum estudo mais apurado sobre os sonhos e não compreendem o que realmente são. Apesar de apenas uma minoria possuir visão e memória plenas, muitos outros puderam sentir a presença de seres amados, mesmo sem os ver, e ainda outros, mesmo sem memória definida, acordam depois de uma noite de repouso com uma sensação de paz e bênção, resultante do que ocorreu naquele mundo superior.

Lembre-se sempre de que este é o mundo inferior, e aquele outro, o superior, e neste caso, o maior contém dentro de si o menor. Naquela consciência, recorda-se perfeitamente todo o acontecido nesta, porque à medida que se transporta desta para a outra, durante o sono, você não tem o impedimento ou o obstáculo do corpo inferior, mas ao retornar novamente a este mundo inferior e assumir novamente a carga do corpo, desaparecem as faculdades superiores, caindo assim no esquecimento. Dessa maneira, quando tiver o desejo de transmitir uma notícia a um amigo ou um parente que já se foi, bastará apenas formulá-la com clareza em sua mente antes de dormir, com a resolução de transmiti-la, e pode estar seguro de

que ele a receberá. Talvez, em alguma ocasião, você queira consultá-lo sobre algum ponto. Nesse caso, o vazio existente entre as duas formas de consciência geralmente impedirá de trazer uma resposta mais clara. Mesmo assim, ainda que você não regresse com uma lembrança bem-definida, acordará com uma impressão bem-determinada a respeito do seu desejo ou da sua decisão e, sem a menor dúvida, poderá supor que tal impressão é verdadeira. Entretanto, devemos consultar o menos possível, uma vez que é censurável importunar os supostos mortos em seu mundo superior com assuntos que pertencem ao departamento desta vida, da qual eles já estão livres.

Isso nos leva a considerar a forma de vida que levam os mortos, uma vez que existem nela grandes variações; quando menos é, quase sempre, mais feliz que a vida terrena. Dessa forma, expressa-se numa antiga escritura: "A alma dos justos fica em poder de Deus, e nenhum sofrimento os atingirá." Aos olhos dos ignorantes, poderá parecer que morreram, ou seja, que sofreram a destruição total; porém, não é assim; pelo contrário, eles gozam de paz, e é por isso que devemos nos livrar dessas teorias; a pessoa que morre neste mundo não pula imediatamente para um Céu impossível e muito menos cai num inferno mais impossível ainda. Na verdade, não existe inferno nenhum, isso é uma expressão antiga e malvada, não existe em lugar algum e nem em nenhum sentido maior inferno que aquele que o próprio homem fabrica para si.

Procure compreender com clareza que a morte não muda em absoluto o ser; que este não se converte subitamente num santo ou num anjo, nem passa a ser dotado de qualquer sabedoria superior; não, ele é exatamente o mesmo, um dia após sua morte terrena, que era um dia antes, com as mesmas disposições, emoções e o mesmo desenvolvimento intelectual. A única diferença que existe é que ele já perdeu seu corpo físico. Trate de compreender exatamente o que isso significa.

Significa a liberdade absoluta de ficar livre da dor, da fadiga. Livrar-se, também, de todos os deveres e obrigações que nos impõe este mundo, ou seja, inteira liberdade para poder fazer exatamente o que quiser. Na vida física, o ser é obrigado constantemente a se submeter, se não faz parte de uma pequena minoria com meios de vida abundantes. É obrigado a trabalhar para adquirir dinheiro, que precisa para comprar alimento e roupa para ele e para os que dependem dele. Em alguns casos excepcionais, como os de artistas, pintores e músicos, o trabalho do homem é um lazer, mas na maioria dos casos, é algo que não faria se não estivesse obrigado a fazer.

Neste mundo espiritual, já não é necessário ter dinheiro, alimento ou abrigo, uma vez que sua glória e sua formosura são brindadas a todos seus habitantes, sem necessidade de pagar com dinheiro

e sem preço algum. Em sua matéria sutil, o corpo espiritual pode mover-se em todas as direções, como bem quiser; se for um amante da arte, poderá gastar o tempo que quiser contemplando as obras magistrais dos homens mais proeminentes; se gostar de música, poderá passar de uma a outra orquestra das principais do mundo, gastando seu tempo ouvindo os mais talentosos músicos. Qualquer que tenha sido seu gosto especial ou favorito na Terra, poderá dedicar-se a ele inteiramente, com a mais ampla liberdade, sempre que seu gosto for dirigido para o intelecto e para as emoções superiores, para a gratificação da qual não é preciso de um corpo físico.

Assim, vemos que todo ser razoável e de bons costumes é infinitamente mais feliz depois da morte do que o era antes, uma vez que possui um tempo amplo, não somente para o seu lazer, senão para o seu progresso intelectual, nas linhas que mais lhe interessarem.

Você pode me perguntar: não haverá, pois, naquele mundo almas infelizes? Sim, naturalmente que as há, porque tal vida é uma sequela desta, e o ser fica tal qual era antes de abandonar seu corpo. Por exemplo, se seus prazeres nesta vida foram grosseiros e baixos, não poderá gratificar seus desejos naquele outro mundo. Um bêbado sofrerá desejos ardentes de beber, mas sem o seu corpo material, não poderá satisfazê-los; o comilão sentirá falta dos prazeres de uma mesa farta; o ganancioso não encontrará ouro para acumular riquezas e assim sucessivamente.

O homem que durante sua vida neste mundo se acostumou a ceder às paixões indignas sentirá que ainda estes desejos o corroem. A pessoa sensual ainda palpitará com vontades que já não pode mais satisfazer; o homem ciumento poderá ficar ainda agarrado ao seu ciúme, tanto mais quanto não possa impedir os atos de quem foi objeto do seu sentimento. Tais seres, sem a menor dúvida, estarão sofrendo, mas unicamente esse tipo de seres que se agarraram às coisas grosseiras e baixas deste mundo. Porém, eles seres podem superar e dominar sua própria sorte, tão somente vencendo estas declinações, e imediatamente, ver-se-ão livres desses sofrimentos causados pelos seus impulsos.

Lembre-se sempre: não existe castigo algum, o que há é o resultado natural de uma causa definida; de maneira que somente corrigindo a causa pode-se acabar com o efeito; isso nem sempre acontece imediatamente; antes, deve ser esgotada totalmente a energia da causa.

Tem outros seres que, tendo evitado esses vícios notórios, têm levado uma vida, que poderíamos chamar de mundana, importando-se apenas com a sociedade e seus convencionalismos e somente com

os seus próprios prazeres. Esses seres não passam por sofrimentos agudos na vida espiritual, mas pode acontecer que a achem insípida e cansativa. Possivelmente procurem outras almas do mesmo tipo que a sua; mas geralmente, encontram-nas muito monótonas, uma vez que não existe mais a concorrência no vestir de roupas finas nem na ostentação; já as pessoas de um tipo melhor e mais inteligentes, com as quais desejam se juntar, agem geralmente de um modo distinto, e estas lhes parecem, de certa forma, quase inacessíveis. Qualquer homem de intelecto mais racional ou de sentimentos artísticos encontrar-se-á infinitamente mais feliz fora do seu corpo físico do que dentro dele; e deve se lembrar de que sempre é possível que um ser desenvolva naquele mundo um interesse racional se o seu discernimento o impulsiona a isso.

Os artistas e os intelectuais são supremamente mais felizes nesta nova vida; ainda mais felizes, acredito eu, são aqueles que concentraram seu interesse mais elevado na humanidade; aqueles cujo maior prazer foi ajudar, socorrer e ensinar. Porque, se é certo que naquele outro mundo não há pobreza, nem fome, nem sede, nem frio, há, certamente, sofredores a quem se pode consolar e ignorantes a quem se pode ensinar. Justamente porque nos países ocidentais existe muito pouco conhecimento do mundo do além é que encontramos nesse mundo muitos que precisam de instruções a respeito das possibilidades da nova vida; assim, quem tem o conhecimento pode ir espalhando esperança e alegria tanto nesta quanto na outra forma de vida. Não esqueça que, quando nos referimos a esta e à outra forma de vida, na verdade as duas estão aqui ao nosso redor continuamente e nem por um momento podem ser consideradas distantes ou de difícil aproximação.

Você se perguntará: os mortos veem a gente? Escutam o que falamos? Sem a menor dúvida, eles nos veem no sentido de estarem sempre conscientes da nossa presença, de saberem se estamos ou não felizes; não podem ouvir as palavras que pronunciamos nem os sons conscientes das nossas ações físicas. Um instante do nosso pensamento demonstrará quais são os limites do seu poder de enxergar. Eles habitam no que já chamamos, anteriormente, de "corpo espiritual", um corpo que existe em nós e é, aparentemente, uma cópia idêntica e exata do nosso corpo físico; porém, enquanto estamos acordados, nossa consciência se focaliza exclusivamente neste último. Como anteriormente se explicou, assim como a matéria física se relaciona somente com o corpo físico, também a matéria do mundo espiritual é perceptível apenas por aquele corpo superior. Portanto, aquilo que eles podem enxergar em nós é o nosso corpo espiritual, que para eles é facilmente reconhecível.

Quando estamos no que chamamos estado de sono, nossa consciência se utiliza desse veículo e é, então, para este outro mundo que estaremos acordados; quando transferimos nossa consciência para o corpo físico, para os corpos espirituais estaremos dormindo, apesar de eles estarem nos enxergando ainda. Nós não podemos mais fazê-lo, e muito menos nos comunicar com eles. Quando uma pessoa dorme, damo-nos conta perfeitamente de sua presença, ainda que nesse momento não possamos nos comunicar com ela. Precisamente igual é a condição de um ser vivente, quando se encontra acordado, perante os mortos. Geralmente, por não poder lembrar, em vigília, o que foi visto durante o sono, sofremos o engano de crer que perdemos para sempre os nossos seres tão amados; mas eles jamais se enganam acreditando que nos tenham perdido, uma vez que continuadamente podem nos ver. A única diferença consiste em estarmos com eles tão somente durante a noite, quando dormimos, e ausentes durante o dia, ao contrário do que acontecia quando eles estavam entre nós, neste mundo físico.

Aquilo que, segundo São Paulo, chamamos de "corpo espiritual" (denominado normalmente corpo astral) é especialmente o veículo dos nossos sentimentos e das nossas emoções; portanto, o que podemos demonstrar aos nossos mortos com maior clareza são nossos sentimentos e nossas emoções. Se estivermos felizes, eles o compreenderão imediatamente, mesmo que não consigam saber os motivos dessa felicidade; se estivermos tristes ou desolados, rapidamente o perceberão e também poderão compartilhar dessa tristeza, sem mesmo saber das causas. Tudo isso, naturalmente, durante nossas horas de vigília, pois durante o nosso sono, eles conversarão, como costumavam fazê-lo durante sua vida terrena. Aqui, nesta vida de matéria física, podemos esconder nossos sentimentos, não demonstrando aos outros seres como nós qualquer aflição, tristeza ou alegria; no mundo espiritual, isso é totalmente impossível, uma vez que se faz visível instantaneamente. Nossos

pensamentos desvendam nossos sentimentos, na maioria das vezes muito perceptíveis naquele outro mundo, mas o pensamento abstrato ainda fica oculto.

Você poderá pensar que tudo isso não tem nada de parecido com o Céu ou com o Inferno que nos foi passado durante nossa infância. Sim, é verdade, porém, essa é a realidade que sempre ficou oculta atrás daqueles mitos. Certamente, aquele Inferno não existe; entretanto, para aqueles que se apegaram às coisas terrenas, como o bêbado, o egoísta, o ciumento e outros devem se preparar para algo muito similar, mas isso não será perpétuo: permanecerá unicamente até que se esgotem seus desejos, e eles poderão, a qualquer momento, sair desse estado, se tiverem a suficiente força de vontade e juízo para dominar tais apetites terrenos e, assim, elevar sua alma acima destes. Esta é a verdade implícita na doutrina católica do purgatório: a ideia de que, depois da morte, todas as más tendências ou os chamados pecados do homem adquiridos neste mundo devem se extinguir por meio do sofrimento, antes que se possa usufruir da glória de Deus. Existe, ainda, uma segunda e mais alta etapa da vida após a morte, que corresponde de perto ao conceito do Céu. Quando tiverem desaparecido totalmente, nestes seres, todos os males adquiridos durante a vida na Terra e conseguirem ir para um nível superior, passarão para uma condição de êxtase ou de suprema atividade intelectual, segundo sua natureza e segundo as linhas pelas quais tenham fluído suas energias na sua vida terrena. Aquilo será, para eles, um período da mais suprema bem-aventurança, um período de altíssima compreensão e de maior aproximação da realidade. Todos podem alcançar essa dádiva, não apenas os especialmente piedosos. De forma alguma isso deve ser considerado uma premiação, e sim o inevitável resultado do caráter cultivado durante a vida na Terra. Se um ser se sente cheio de amor desinteressado e devoção, se possui um magnífico desenvolvimento intelectual ou artístico, o inevitável resultado de tal desenvolvimento será gozar dessas dádivas que descrevemos. Lembremos que todas essas são apenas etapas de uma vida e que, assim como foi a conduta de um ser durante sua juventude, que proporcionou as condições que governarão sua maturidade e de sua velhice, esta determinará sua condição durante seus estados sucessivos. Esse estado de glória é eterno? - você me perguntará. - Não, já vimos que é o resultado de uma vida terrena. Uma causa finita jamais poderá produzir um resultado infinito.

A vida do ser humano é muito mais longa e grande do que podemos imaginar. Aquela faísca emanada de Deus terá de voltar para Ele; e ainda estamos muito longe dessa Divina perfeição. Ainda estamos em fase de desenvolvimento, porque a evolução é a lei de Deus; cada ser crescerá constantemente, igual a tudo o que por Ele foi criado. O que comumente se

conceitua como "a vida do ser humano" não é nada mais do que um dia da sua verdadeira vida. Tal como nesta vida ordinária, o homem se levanta diariamente, veste suas roupas e vai para o trabalho cotidiano e, depois, quando chega o anoitecer, tira sua roupa, deita-se para descansar e, na manhã seguinte, volta a se levantar para continuar seu trabalho no mesmo ponto em que o deixou no dia anterior. Assim acontece quando um ser entra na vida espiritual; quando termina seu trabalho, tira aquela roupa, e mais uma vez, acontece o que você chama de morte, passando para um estado de descanso, já descrito; novamente quando acaba de descansar, se vestirá com um corpo e sairá para outra jornada de trabalho, ou vida física, continuando sua evolução, partindo do mesmo ponto em que a havia deixado anteriormente. Essa longa vida durará até alcançar a meta da Divindade, conforme o plano determinado por Deus. Talvez tudo isso seja novo para você e por isso mesmo lhe pareça tão estranho, raro e até difícil de compreender. Tudo quanto aqui foi dito é suscetível de comprovação e, efetivamente, foi posto à prova repetidas vezes, porém, se você deseja estudar isso tudo, deve ler a literatura que existe sobre o assunto, uma vez que, em um pequeno livro escrito com poucas palavras e com um propósito especial, tal como este, tenho de me limitar aos fatos, sem tratar de elucidar as provas.

Você poderá, talvez, perguntar-me: Os seres que deixaram este mundo físico não sofrem também por ter deixado as coisas terrenas? Efetivamente, isso acontece algumas vezes, e tal ansiedade faz demorar seu progresso; por isso, devemos tratar de evitar, até onde nos seja possível, esse sofrimento. O morto deve se livrar, inteiramente, de todo pensamento da vida que deixou para trás, de forma que possa dedicar-se completamente à nova existência para a qual entrou.

Portanto, aqueles que no passado dependiam de seus conselhos têm de, doravante, depender de si e pensar também por si, pois se continuarem ligados mentalmente com o falecido, ele reforçará seus laços com este mundo físico e terreno. O fato de cuidar dos filhos de um ser falecido resultará numa ação duplamente benfeitora, pois não só as crianças serão beneficiadas como também isso aliviará a ansiedade daquele que se foi, e essa ação o ajudará para seu desenvolvimento natural.

Se no decorrer da sua vida, a pessoa receber ensinamentos de falsas doutrinas e blasfêmias de religiões, sofre, muitas vezes, ansiedades a respeito de sua própria sorte. Felizmente, no mundo espiritual, existem muitos seres que se dedicam a procurar aqueles que padecem de tais sofrimentos, para poder libertá-los por meio das explicações racionais dos fatos. Não somente há mortos que fazem isso, senão também muitos vivos que dedicam seu tempo ao serviço dos mortos, tratando de lhes mostrar a verdade em toda a sua formosura.

Todo sofrimento é proveniente da ignorância; ao dissipar essa ignorância, o sofrimento desaparece.

Um dos casos mais tristes de aparente perda é quando uma criança morre e deixa este mundo físico, ficando seus pais e parentes submersos num mar de dor e lamentação. O que acontece com essa criança neste mundo espiritual tão estranho e novo? De todos os seres que nele entraram, talvez sejam as crianças as mais felizes e as que mais satisfeitas se encontram.

Lembre-se de que elas não perderam seus pais, seus irmãos, seus companheiros e amigos a quem muito amaram; por isso, não fazem outra coisa a não ser brincar, de maneira que não sentem nem perda nem separação. Não ficam sós durante o nosso dia, uma vez que lá, como cá, as crianças se juntam e brincam nos campos belíssimos cheios de raras delícias. Sabemos como as crianças gozam imaginando serem um ou outro personagem histórico, representando o papel principal de tudo e quantos personagens aparecem em contos maravilhosos de fadas, histórias ou aventuras. Pois bem, na matéria mais fina desse mundo superior, os pensamentos tomam forma visível, e a criança passa a ser um herói qualquer de fato, assumindo, temporariamente, sua semelhança. Se desejar um castelo encantado, seu pensamento poderá edificá-lo. Se desejar um exército ao seu comando, imediatamente esse exército aparecerá. Assim é que, no mundo dos mortos, as crianças estão sempre numa imensa alegria, chegando a ficar imensamente felizes.

Outras crianças de diferentes disposições, cujos pensamentos tendem mais para os assuntos religiosos, também encontrarão aquilo que tanto desejam, porque os anjos e os santos tradicionais existem, não são meras fantasias piedosas; e quem necessitar deles

e acreditar neles será, com toda a certeza, atraído por eles e os encontrará, ainda, muito mais bondosos e mais gloriosos do que imaginam. Há crianças que gostariam de encontrar Deus mesmo, Deus de forma material; pois bem, nem mesmo estas são contrariadas, uma vez que aprendem de seus preceptores mais doces, sutis e benignos que todas as formas são formas de Deus, porque Ele está em toda parte, e aqueles que desejarem servir e ajudar, mesmo à mais insignificante de suas criaturas, na verdade servem e ajudam o próprio Deus. Todas as crianças sentem um grande prazer em ser úteis, ajudar e consolar.

Para estas, um amplo campo se abre diante delas para dar tal ajuda e consolo aos mais ignorantes naquele mundo superior, e à medida que caminham em sua missão de misericórdia e dor, compreendem a verdade do mais formoso dos ensinamentos: "Tudo o que você fez por um dos menores destes Meus irmãos, o fez para Mim.". E os recém-nascidos? As crianças que ainda não sabem brincar? Não tema por eles, porque existem muitas mães que já deixaram seus corpos físicos e estão possuídas de um desejo ardente de poder abraçá-los, recebê-los e amá-los como se fossem seus próprios filhos.

Habitualmente, tais pequenos descansam no mundo espiritual por um tempo muito breve e, após esse breve descanso, voltam outra vez à Terra, muitas das vezes com os mesmos pais. Um monge medieval inventou um horror especialmente cruel a respeito dos recém-nascidos: a doutrina de que os que não foram batizados antes de sua partida se perderiam para sempre. Pois bem, o batismo é um sacramento digno de todo o respeito e com um significante valor, mas seria muito pouco científico imaginar que uma fórmula externa como esta poderia afetar o funcionamento das leis eternas de Deus, ou fazer o Pai Celestial transformar seu amor ilimitado em tirania, sem piedade contra esses seres inocentes.

Até agora, falamos apenas na possibilidade de alcançar os mortos ascendendo ao seu nível espiritual durante o nosso sono, o que constitui a forma mais normal e natural de proceder. Também existe o método anormal e antinatural do espiritismo, por meio do qual os mortos, por algum momento, assumem novamente como se fosse uma aparência física, fazendo-se então, mais uma vez, visíveis aos nossos olhos físicos. Os estudantes de Ocultismo não recomendam esse método particularmente, porque em muitas situações prejudica a evolução natural do morto e, parcialmente, promove muita incerteza e muita possibilidade de decepção e fingimento. Esse assunto é demasiadamente extenso para ser abordado neste pequeno livro, mas para aqueles que se interessarem por se aprofundar nesse tema e conhecer mais sobre ele, recomendo a leitura de um livro chamado *The Other Side of Death* (O outro lado da morte). Neste livro, você poderá encontrar

também uma descrição de exemplos justificativos de que, espontaneamente, os mortos retornam a este mundo inferior, manifestando-se de diversas maneiras, geralmente porque desejam algum serviço nosso. Em tais situações, é importante tratar de descobrir, rapidamente, o que é que eles precisam e, se for possível, levar a cabo esse desejo, de maneira que consigam seu próprio descanso.

Agora, uma vez que você assimilou tudo o que até aqui foi descrito, poderá compreender que, por mais natural que seja o fato de sentirmos tristezas e aflições pela morte dos nossos entes queridos, esses sentimentos são um erro e um mal que devemos superar. Não há motivo para essa aflição, uma vez que sabemos que se foram para uma vida infinitamente mais ampla, feliz e, principalmente, para o descanso merecido após a laboriosa tarefa no mundo físico. Ao ficarmos aflitos pela separação imaginária deles, em primeiro lugar, choramos por um motivo errado, porque, na verdade, não estão separados; e, em segundo lugar, estamos nos comportando com total egoísmo, uma vez que demonstramos estar mais preocupados com nossa aparente perda do que com o proveito imenso e real deles. Além do mais, devemos entender que esse é o processo natural e normal do nosso desenvolvimento espiritual, e que o ser superou mais uma etapa da sua longa vida. Por esse motivo, devemos fazer um grande esforço de nos desprender totalmente de todo egoísmo para poder amar desinteressadamente e pensar mais nos entes queridos do que em nós mesmos, não no que diz respeito aos nossos desejos ou sentimentos, e sim apenas no mais conveniente para sua evolução.

Quando nos desconsolamos, cedendo às tristezas e às depressões, formamos uma nuvem negra que escurece, para eles, o Céu. Por causa do carinho e da simpatia que eles têm por nós, ficam expostos a uma funesta influência. Poderíamos utilizar o poder do carinho, do entendimento e do amor para ajudá-los, em lugar de usá-los para os criar obstáculos, se essa é a nossa vontade, porém, isso requer muito valor e sacrifício de nós mesmos. É importante, nesses momentos, esquecermo-nos de nós mesmos e demonstrarmos um desejo sincero e amoroso de servi-los, enquanto for possível. Cada pensamento, cada sentimento tem muita influência sobre eles, portanto, devemos cuidar de emitir somente pensamentos que sejam amplos, úteis, nobres e purificadores.

Provavelmente eles sintam alguma ansiedade a respeito de nós, porém, devemos demonstrar persistente alegria para poder assegurar-lhes de que não há motivo para se preocuparem. Se durante sua vida terrena ou física não tiveram maior conhecimento detalhado e verídico sobre a vida após a morte, tratemos nós mesmos de assimilar tal conhecimento e de levá-lo durante nossas conversações noturnas com eles; uma vez que nossos pensamentos e sentimentos

se refletem nos seus tão facilmente, tratemos que sejam sempre pensamentos e sentimentos que elevem e inspirem.

Procure compreender a unidade do Todo; existe um só Deus, e todos nós somos um Nele.

Se conseguirmos fazer nossa a unidade daquele Eterno Amor, desaparecerá de nós todo o pesar, porque compreenderemos, tanto a respeito de nós como dos que amamos, que vivos ou mortos, somos do Senhor, e que Nele vivemos, movimentamo-nos e existimos, seja neste mundo, seja no mundo futuro. A atitude de desconsolo é ímpia e ignorante.

Quanto maior o nosso conhecimento, maior será a nossa compreensão e a nossa confiança plena, porque sentiremos certeza completa de que tanto nós quanto os mortos descansamos no perfeito Poder e na perfeita Sabedoria, dirigidos pelo perfeito Amor.